A LOS PADRES Y MAESTROS

MI PRIMER DICCIONARIO es un libro que tiene un primer objetivo básico: introducir al niño hispanoparlante dentro del uso formal de su propia lengua, de manera ágil y atractiva.

Para esta tarea fue precisa una acabada y criteriosa elaboración del material. Las palabras debían ser accesibles al lenguaje del niño y adaptarse al conocimiento que tiene del mundo que lo rodea. Por eso la selección de los 630 sustantivos o nombres fue el resultado de una búsqueda cuidadosa, ya que las palabras debían estar perfectamente incluidas en una oración que las explica por definición o por aplicación.

Las ilustraciones que acompañan los textos sirven para reforzar el significado de las palabras a través de la imagen, dándole al libro un doble valor didáctico y recreativo.

Todo este material (que fue supervisado por un selecto grupo de educadores) está complementado por su característica de **bilingüe**, ya que cada vocablo y la oración correspondiente han sido trasladados al inglés, permitiendo así que el niño no sólo comience con la agradable tarea de manejar su lengua materna, sino que además incorpore simultáneamente una nueva.

TO PARENTS AND TEACHERS

MY FIRST DICTIONARY is a book with one main purpose: to introduce Spanish speaking children to the correct use of their own language, in a quick and attractive way.

In order to do this, the text was developed with great detail. The words had to be easily understood and had to be adapted to the children's knowledge of their world. These 630 nouns were therefore carefully selected, so that they could be part of a short sentence, explaining their meaning with a definition or by its use.

The illustrations that go with the texts, emphasize the meaning of the words through the image, so that the book can be used both to teach and to enjoy.

This book (supervised by a group of distinguished teachers) is **bilingual**. Every word and every sentence has been translated into English, so children will not only start speaking their mother tongue, but can start learning a new language.

©1989 Editorial Sigmar S.A., Buenos Aires - Impreso en la Argentina. Printed in Argentina. Hecho el depósito de ley. Derechos reservados - Prohibida la reproducción total o parcial por cualquier medio visual, gráfico o sonoro. ISBN 950-11-0758-2 (español) ISBN 950-11-0757-4 (español-inglés)

MI PRIMER DICCIONARIO

Español - Inglés

Textos de JULIA DAROQUI y AGUSTINA OLIDEN

Ilustraciones de LUIS RETTA

Textos en inglés

Traducción
KAREN BEHREND

Supervisión
BERNARD H. HAMEL

EDITORIAL SIGMAR - BUENOS AIRES

A a

Primera letra del alfabeto.
First letter of the Spanish alphabet.

abanico
fan

El **abanico** se usa para darse aire.
The fan is used to give air.

abeja
bee

La **abeja** fabrica la miel.
Bees make honey.

abrigo
overcoat

Cuando hace frío me pongo el **abrigo**.
When it is cold, I wear my overcoat.

abuelos
grandparents

Mis **abuelos** me dan buenos consejos.
My grandparents give me good advice.

aceite
oil

El **aceite** es un líquido espeso.
Oil is a thick liquid.

acordeón
accordeon

El músico toca el **acordeón**.
The musician plays the accordeon.

acuarela
water color

El niño pinta con **acuarelas**.
The boy paints with water colors.

acuario
aquarium

En el **acuario** hay peces diferentes.
In the aquarium there are different fishes.

ágata
agate

El **ágata** es una piedra de adorno.
Agate is a stone used for decoration.

agua
water

Tomo **agua** cuando tengo sed.
I drink water when I am thirsty.

águila
eagle

El **águila** vuela muy alto.
Eagles fly very high.

aguja
needle

Mamá usa la **aguja** para coser.
*Mother uses a **needle** to sew.*

aire
air

El niño infla el globo con **aire**.
*The boy is blowing up a balloon with **air**.*

ajedrez
chess

En el **ajedrez** hay piezas blancas y negras.
*The **chess** has black and white chessmen.*

ala
wing

Los pájaros tienen **alas** para volar.
*Birds have **wings** to fly.*

alambre
wire

El cerco de **alambre** separa los campos.
*The **wire** fence separates fields.*

alba
dawn

El Sol sale al **alba**.
*The sun rises at **dawn**.*

álbum
album

Pego fotos en el **álbum**.
*I am pasting photographs in the **album**.*

alero
eaves

Sobre el **alero** camina una paloma.
*A pigeon walks along the **eaves**.*

aleta
fin

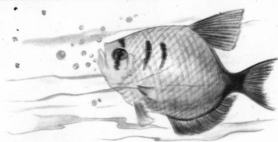

El pez usa sus **aletas** para nadar.
*A fish uses its **fins** to swim.*

alfombra
carpet

La **alfombra** se coloca sobre el piso.
Carpets are laid on the floor.

alga
alga

Las **algas** son plantas que viven en el mar.
Algae are seaweeds.

algodón
cotton

El **algodón** es blanco y suave.
Cotton is white and soft.

almanaque
calendar

Sabemos la fecha por el **almanaque**.
*We look up dates in the **calendar**.*

almohada
pillow

Uso la **almohada** para apoyar la cabeza.
*I use the **pillow** to rest my head.*

alumno
student

Carlitos es un **alumno** aplicado.
*Charly is an excellent **student**.*

amigo
friend

Raúl y Jorge son muy buenos **amigos**.
*Raoul and George are very good **friends**.*

ananá
pineapple

El **ananá** es un fruto fragante y sabroso.
Pineapple is a sweet and delicious fruit.

ancla
anchor

Los barcos se sujetan con el **ancla**.
*Ships are held in place with an **anchor**.*

andamio
scaffold

Este albañil está subido en un **andamio**.
*This bricklayer is standing on a **scaffold**.*

andén
platform

La gente está esperando en el **andén**.
*Some people are waiting on the **platform**.*

andrajo
rags

El mendigo está vestido con **andrajos**.
*The beggar wears **rags**.*

ánfora
amphora

Un **ánfora** es un jarrón antiguo.
*The **amphora** is an ancient jar.*

anillo
ring

Tengo un **anillo** en el dedo.
*I wear a **ring** on my finger.*

animales
animals

ardilla
squirrel

ratón
mouse

murciélago
bat

caracol
snail

vaca
cow

mono
monkey

pez
fish

castor
beaver

elefante
elephant

ciervo
deer

oveja
sheep

perro
dog

cocodrilo
crocodile

foca
seal

rana
frog

canguro
kangaroo

caballo
horse

león
lion

mariposa
butterfly

martín pescador
kingfisher

tortuga
tortoise

zorro
fox

pingüino
penguin

culebra
snake

cerdo
pig

cebra
zebra

hipopótamo
hippopotamus

conejo
rabbit

rinoceronte
rhinoceros

camello
camel

burro
donkey

jirafa
giraffe

tigre
tiger

oso hormiguero
anteater

puerco-espín
porcupine

lagarto
lizard

oso
bear

Hay **animales** salvajes y animales domésticos.

*There are wild and domestic **animals**.*

9

A
B
C
Ch
D
E
F
G
H
I
J
K
L
Ll
M
N
Ñ
O
P
Q
R
S
T
U
V
X
Y
Z

B
C
Ch
D
E
F
G
H
I
J
K
L
Ll
M
N
Ñ
O
P
Q
R
S
T
U
V
X
Y
Z

araña
spider/chandelier

La **araña** tiene ocho patas.
*The **spider** has eight legs.*

La **araña** ilumina la habitación.
*The **chandelier** lights the room.*

árbol
tree

Los **árboles** tienen tronco, ramas y hojas.
Trees have a trunk, branches and leaves.

arco iris
rainbow

El **arco iris** aparece después de la lluvia.
*We can see a **rainbow** after it has rained.*

arena
sand

Los niños juegan en la **arena**.
*Children play in the **sand**.*

astronauta
astronaut

Los **astronautas** viajan por el espacio.
Astronauts travel through space.

automóvil
car

Salimos a pasear en **automóvil**.
*We take a ride in the **car**.*

aves
birds

cisne
swan

pato
duck

cardenal
cardinal bird

loro
parrot

canario
canary

tucán
toucan

águila
eagle

chajá
chaja

cuervo
crow

faisán
pheasant

golondrina
swallow

picaflor
hummingbird

gorrión
sparrow

paloma
pigeon

gallo
rooster

flamenco
flamingo

gaviota
sea gull

cigüeña
stork

lechuza
owl

pavo real
peacock

avestruz
ostrich

pelícano
pelican

pavo
turkey

Las **aves** tienen dos patas, plumas y alas.
Birds have two legs, feathers and wings.

avión
airplane

El **avión** vuela llevando pasajeros.
*The **airplane** carries passengers.*

azúcar
sugar

El **azúcar** endulza los alimentos.
Sugar sweetens food.

B b

Segunda letra del alfabeto.
Second letter of the Spanish alphabet.

balanza
scale

Para pesar utilizamos la **balanza.**
*A **scale** is used to weigh things.*

balcón
balcony

Desde el **balcón** se ve la calle.
*From the **balcony** we can see the street.*

balde
bucket

Lleno mi **balde** con agua.
*I fill my **bucket** with water.*

ballena
whale

La **ballena** es el animal marino más grande.
*The **whale** is the biggest sea animal.*

balsa
raft

La **balsa** está hecha de troncos.
*The **raft** is made of trunks.*

banco
bench/bank

En el parque hay **bancos.**
*In the park there are **benches**.*

El dinero se guarda en el **banco.**
*Money is kept in the **bank**.*

barco
ship

El **barco** atraviesa el mar.
*The **ship** sails across the ocean.*

barrilete
kite

Mi **barrilete** sube llevado por el viento.
*My **kite** is carried by the wind.*

baúl
trunk

Ponemos las valijas en el **baúl** del auto.
*We put our luggage in the **trunk** of the car.*

bebé
baby

El **bebé** no sabe caminar.
*The **baby** does not know how to walk.*

biblioteca
library

En la **biblioteca** hay muchos libros.
*There are many books in the **library**.*

bicicleta
bicycle

La **bicicleta** tiene dos ruedas.
*The **bicycle** has two wheels.*

billetera
wallet

Juan guarda el dinero en la **billetera**.
*John keeps his money in the **wallet**.*

bizcocho
cookie

Mamá preparó **bizcochos** para el desayuno.
*Mother baked **cookies** for breakfast.*

boca
mouth

Las palabras salen de la **boca**.
*Words come out through the **mouth**.*

bolsillo
pocket

Hay un pañuelo en el **bolsillo**.
*There is a handkerchief in the **pocket**.*

bombero
fireman

Los **bomberos** apagan el fuego.
Firemen put out the fire.

bosque
forest

El **bosque** está poblado de árboles.
*There are many trees in the **forest**.*

bota
boot

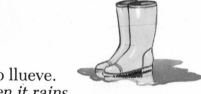

Uso **botas** cuando llueve.
*I wear **boots** when it rains.*

botella
bottle

Las **botellas** sirven para guardar líquidos.
Bottles are used to keep liquids.

12

botón
button

Mi vestido se cierra con **botones**.
*I fasten my dress with **buttons**.*

brazo
arm

Carlos levanta el **brazo**.
*Charles raises his **arm**.*

Veo en el **brazo** del sillón un cenicero.
*I see an ashtray on the **arm** of the armchair.*

bronce
bronze

La campana es de **bronce**.
The bell is made of bronze.

brújula
compass

La **brújula** indica el norte.
*The **compass** points to the north.*

budín
cake

Mamá hizo un rico **budín**.
*Mother baked a delicious **cake**.*

buzo
diver

El **buzo** trabaja sumergido en el agua.
Divers work underwater.

buzón
mail box

Echo las cartas en el **buzón**.
*I put the letters in the **mail box**.*

C c

Tercera letra del alfabeto.
Third letter of the Spanish alphabet.

caballo
horse

El **caballo** es un animal noble.
*The **horse** is a loyal animal.*

cabaña
hut

Esta **cabaña** está hecha de troncos.
*This **hut** is made of trunks.*

cabeza
head

La **cabeza** es la parte superior del cuerpo.
*The **head** is the upper part of the body.*

cabina
booth

El teléfono público está en una **cabina**.
The public telephone is inside a booth.

cabra
goat

La **cabra** vive en lugares montañosos.
Goats live in the mountains.

cadena
chain

El perro está sujeto con una **cadena**.
The dog is tied with a chain.

café
coffee

El **café** es una bebida agradable.
Coffee is a pleasant drink.

cama
bed

En la **cama** duermo y descanso.
I sleep and rest in bed.

camión
truck

El **camión** es un vehículo de carga.
The truck carries loads.

campana
bell

Las **campanas** suenan alegremente.
The bells ring happily.

campo
countryside

En el **campo** respiramos aire puro.
At the countryside we breathe fresh air.

canasto
basket

Los **canastos** están hechos de paja trenzada.
Baskets are made of braided straw.

cara
face

En la **cara** tenemos ojos, nariz y boca.
Our face has eyes, nose and a mouth.

caracol
snail

El **caracol** avanza lentamente.
Snails walk slowly.

carbón
charcoal

El **carbón** arde y da calor.
Charcoal burns and gives heat.

carne
meat

La **carne** es un alimento nutritivo.
Meat is very nutritious.

casa
house

En la **casa** viven las personas.
People live in houses.

castillo
castle

El **castillo** es una construcción antigua.
The castle is an ancient building.

cebolla
onion

Lloro cuando pelo **cebollas**.
Peeling onions makes me cry.

ceibo
ceibo

El **ceibo** es la flor nacional argentina.
Ceibo is the Argentine national flower.

ceja
eyebrow

Las **cejas** están encima de los ojos.
Eyesbrows grow above the eyes.

cena
dinner

La **cena** es la última comida del día.
Dinner is the last meal of the day.

cepillo
brush

Los **cepillos** se usan para la limpieza.
Brushes are used to clean.

cerradura
lock

La llave no pertenece a esta **cerradura**.
The key does not belong to this lock.

cielo
sky

El **cielo** se ve de color azul.
We see the sky blue.

ciervo
deer

El **ciervo** tiene astas poderosas.
The deer has strong antlers.

cinco
five

En el dibujo hay **cinco** arbolitos.
There are five little trees in the picture.

cinturón
belt

Marcelo usa un **cinturón**.
*Marcelo is wearing a **belt**.*

circo
circus

Los trapecistas trabajan en el **circo**.
*The acrobats work in the **circus**.*

cisne
swan

Los **cisnes** tienen un cuello largo.
Swans have long necks.

ciudad
city

La **ciudad** tiene muchas casas y calles.
*The **city** has many houses and streets.*

clase
class

Los chicos están en la **clase**.
*The children are in **class**.*

clavo
nail

El carpintero martilla el **clavo**.
*The carpenter hammers a **nail**.*

cocina
kitchen

En la **cocina** mamá prepara la comida.
*Mother cooks the food in the **kitchen**.*

colores *colors*

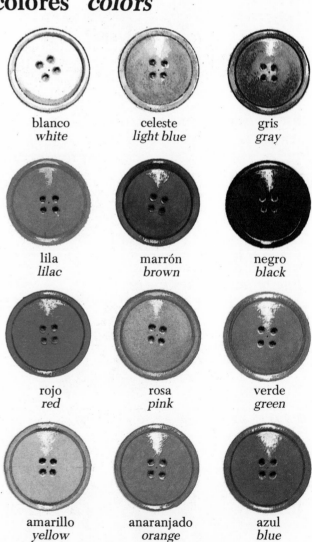

blanco	celeste	gris
white	*light blue*	*gray*
lila	marrón	negro
lilac	*brown*	*black*
rojo	rosa	verde
red	*pink*	*green*
amarillo	anaranjado	azul
yellow	*orange*	*blue*

Estos botones son de distinto **color**.
*These buttons are of different **colors**.*

comidas
meals

pan
bread

queso
cheese

pescado
fish

ave
poultry

jamón
ham

agua
water

bizcochos
cookies

ensalada
salad

manteca
butter

carne
meat

papa
potato

pasta
pasta

mermelada
preserve

leche
milk

chocolate
chocolate

vegetales
vegetables

fruta
fruit

torta
cake

miel
honey

helado
ice cream

huevo
egg

galletitas
crackers

salchicha
sausage

Las cuatro **comidas** diarias son: desayuno, almuerzo, merienda y cena.
The four meals are: breakfast, lunch, afternoon snack and dinner.

---

computadora
computer

La **computadora** es un invento moderno.
The computer is a modern invention.

cubo
cube

Hago una torre con **cubos** de colores.
I build a tower with colored cubes.

cuadro
picture

Los **cuadros** adornan las paredes.
The pictures decorate walls.

cuchara
spoon

El niño toma su sopa con la **cuchara**.
The boy eats his soup with the spoon.

cuatro
four

En el dibujo hay **cuatro** arbolitos.
There are four little trees in the picture.

cuchillo
knife

El **cuchillo** sirve para cortar.
We use a knife to cut.

cuna
cradle

El niño duerme en la **cuna**.
The baby sleeps in the cradle.

CH ch

Cuarta letra del alfabeto.
Fourth letter of the Spanish alphabet.

chacra
farm

En la **chacra** hay animales y hortalizas.
In the farm there are animals and vegetables.

chimenea
fireplace

El fuego de la **chimenea** nos calienta.
The fire in the fireplace warms us.

chinela
slipper

Estas **chinelas** son azules.
These slippers are blue.

choclo
corncob

El **choclo** es sabroso.
Corncob is delicious.

chocolate
chocolate

El **chocolate** es una golosina.
Chocolate is a sweet.

chupete
pacifier

El bebé se entretiene con un **chupete**.
The baby es playing with a pacifier.

D d

Quinta letra del alfabeto.
Fifth letter of the Spanish alphabet.

dado
die

Los **dados** tienen puntos en sus seis caras.
Dice have dots on their six sides.

danza
dance

Las niñas bailan una graciosa **danza**.
The girls dance a graceful dance.

delantal
apron

Mamá usa un **delantal** en la cocina.
Mother wears an apron in the kitchen.

delfín
dolphin

El niño juega con el **delfín**.
The child plays with the dolphin.

deportes
sports

fútbol
soccer

natación
swimming

tenis
tennis

equitación
horsebackriding

boxeo
boxing

ciclismo
bicycling

básquetbol
basketball

patinaje
skating

remo
rowing

carrera
running

atletismo
athletics

esquí
ski

golf
golf

surf a vela
windsurf

motonáutica
powerboat racing

rugby
rugby

El **deporte** es una actividad saludable.

Sports are healthy.

---

despensa
pantry

En la **despensa** se guardan comestibles.
*In the **pantry** we store food.*

---

día
day

Es de **día** cuando sale el Sol.
*It is **day** when the sun rises.*

---

diario
newspaper

Todos los días leo el **diario**.
*I read the **newspaper** every day.*

---

diente
tooth

Con los **dientes** masticamos.
*We chew with our **teeth**.*

---

diez
ten

En el dibujo hay **diez** arbolitos.
*There are **ten** little trees in the picture.*

---

dinero
money

Con **dinero** se compran cosas.
*We use **money** to buy things.*

A B C Ch **D** E F G H I J K L Ll M N Ñ O P Q R S T U V X Y Z

disco
record

Tengo un **disco** con canciones infantiles.
*I have a **record** with children's songs.*

disfraz
costume

En carnaval me puse un **disfraz**.
*I wore a **costume** for carnival.*

diván
divan

El **diván** tiene almohadones.
*The **divan** has pillows.*

docena
dozen

Doce cosas forman una **docena**.
*A **dozen** is formed by twelve objects.*

dominó
domino

El **dominó** es un juego divertido.
Domino is an entertaining game.

dos
two

En el dibujo hay **dos** arbolitos.
*There are **two** little trees in the picture.*

dulcera
preserve jar

La **dulcera** está sobre la mesa.
*There is a **preserve jar** on the table.*

E e

Sexta letra del alfabeto.
Sixth letter of the Spanish alphabet.

edificio
building

En la ciudad hay muchos **edificios**.
*There are many **buildings** in the city.*

embudo
funnel

Con el **embudo** paso los líquidos.
*I pour liquids through the **funnel**.*

enfermera
nurse

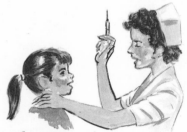

La **enfermera** aplica al niño una inyección.
*The **nurse** is giving the child a shot.*

enredadera
vine

La **enredadera** se trepa por la pared.
*The **vine** climbs up the wall.*

escalera
staircase

Subimos y bajamos por la **escalera**.
We go up and down the staircase.

escoba
broom

La **escoba** se usa para barrer el piso.
The broom is used to sweep the floor.

escritorio
desk

Papá escribe en su **escritorio**.
Daddy writes at his desk.

escudo
shield

El **escudo** era un arma antigua.
The shield was an old weapon.

escuela
school

A la **escuela** vamos a aprender.
We go to school to learn things.

espejo
mirror

En el **espejo** se reflejan las cosas.
Things are reflected in the mirror.

espiga
spike

Las **espigas** del trigo son amarillas.
Wheat spikes are yellow.

esquina
corner

El niño cruza la calle por la **esquina**.
The boy crosses the street at the corner.

estación
station/season

En la **estación** tomamos el tren.
We take the train at the railroad station.

primavera
spring

verano
summer

otoño
fall

invierno
winter

Las **estaciones** del año son cuatro.
There are four seasons in one year.

A B C Ch D E F G H I J K L Ll M N Ñ O P Q R S T U V X Y Z

estampilla
stamp

Pegué una **estampilla** en el sobre.
I put a stamp on the envelope.

estrella
star

De noche el cielo se cubre de **estrellas**.
At night the sky is full of stars.

estufa
stove

En invierno encendemos la **estufa**.
In winter we light the stove.

F f

Séptima letra del alfabeto.
Seventh letter of the Spanish alphabet.

fábrica
factory

La **fábrica** tiene altas chimeneas.
The factory has big chimneys.

faisán
pheasant

El plumaje del **faisán** es multicolor.
Pheasants have brightly colored feathers.

falda
skirt

Margarita usa una **falda** azul.
Margaret wears a blue skirt.

familia
family

Los padres y los hijos forman la **familia**.
Parents and children form the family.

faro
lighthouse

La luz del **faro** envía señales a los barcos.
The lighthouse sends signals to ships.

farol
street lamp

Hay un **farol** en la entrada de mi casa.
There is a street lamp in front of my house.

felpudo
doormat

Delante de la puerta hay un **felpudo**.
There is a doormat in front of the door.

fila
line

Los chicos forman una **fila**.
The children stand in line.

A B C Ch D E F G H I J K L Ll M N Ñ O P Q R S T U V X Y Z

flecha
arrow

Los indios luchaban con **flechas**.
*Indians fought with **arrows**.*

fósforo
match

Con el **fósforo** enciendo la vela.
*I light the candle with **a match**.*

flores
flowers

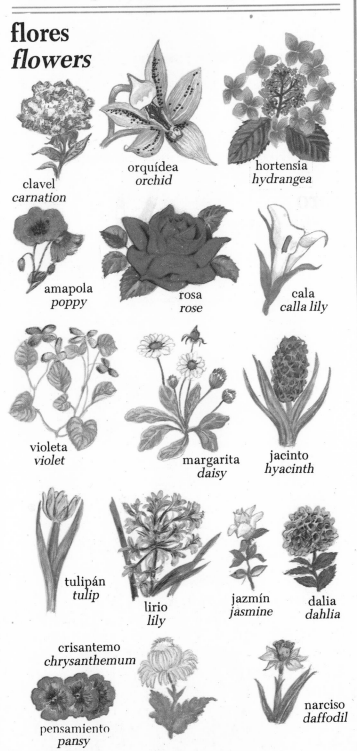

clavel
carnation

orquídea
orchid

hortensia
hydrangea

amapola
poppy

rosa
rose

cala
calla lily

violeta
violet

margarita
daisy

jacinto
hyacinth

tulipán
tulip

lirio
lily

jazmín
jasmine

dalia
dahlia

crisantemo
chrysanthemum

pensamiento
pansy

narciso
daffodil

Las **flores** tienen vistosos colores.
*These **flowers** have bright colors.*

frutas
fruits

naranja
orange

damasco
apricot

higo
fig

mandarina
tangerine

cereza
cherry

manzana
apple

banana
banana

melón
melon

ciruela
plum

frutilla
strawberry

ananá
pineapple

granada
pomegranate

sandía
watermelon

pera
pear

durazno
peach

níspero
medlar

uvas
grapes

limón
lemon

dátil
date

frambuesa
raspberry

coco
coconut

membrillo
quince

mora
blackberry

guinda
sour cherry

La **fruta** es un alimento nutritivo.
Fruits are nutritious.

fuego
fire

El **fuego** quema el bosque.
*The **fire** is burning the forest.*

fuente
fountain/platter

La **fuente** lanza un chorro de agua.
*Water springs from the **fountain**.*

En la **fuente** hay un pavo asado.
*There is a roast turkey on the **platter**.*

funda
case

La **funda** cubre la almohada.
*The **case** covers the pillow.*

G g

Octava letra del alfabeto.
Eighth letter of the Spanish alphabet.

galgo
greyhound

El **galgo** es un perro muy veloz.
*The **greyhound** is a very fast dog.*

gallina
hen

La **gallina** pone huevos en el nidal.
*The **hen** lays eggs in the nest.*

gallo
rooster

El **gallo** tiene una hermosa cresta roja.
*The **rooster** has a beautiful red comb.*

gancho
hook

La jaula cuelga de un **gancho**.
*The cage is hanging from a **hook**.*

ganso
goose

El **ganso** es un ave de corral.
*The **goose** is a poultry bird.*

garaje
garage

En el **garaje** se guardan los automóviles.
*We keep the cars in the **garage**.*

garita
sentry box

El soldado está en la **garita**.
*The soldier is standing in the **sentry box**.*

garra
claw

El águila y el león tienen **garras**.
*Eagles and lions have **claws**.*

gato
cat

El **gato** caza ratones.
*The **cat** catches mice.*

gemelo
twin

Esos niños idénticos son **gemelos**.
*Those children are identical **twins**.*

gente
people

Hay mucha **gente** en la esquina.
*There are lots of **people** at the corner.*

girasol
sunflower

El **girasol** es una flor amarilla.
*The **sunflower** is yellow.*

globo
balloon

Compré un **globo** en el parque.
*I bought a **balloon** in the park.*

goma
eraser

Cuando me equivoco uso la **goma**.
*When I make a mistake I use the **eraser**.*

góndola
gondole

Las **góndolas** son barcas venecianas.
Gondoles are Venetian boats.

gorra
cap

Ese hombre lleva una **gorra**.
*That man wears a **cap**.*

grúa
crane

La **grúa** levanta grandes pesos.
*The **crane** lifts heavy weights.*

guante
glove

Con los **guantes** me abrigo las manos.
*I cover my hands with **gloves**.*

guirnalda
garland

El salón está decorado con **guirnaldas**.
*The room is decorated with **garlands**.*

guitarra
guitar

La **guitarra** es un instrumento musical.
*The **guitar** is a musical instrument.*

A B C Ch D E F G H I J K L Ll M N Ñ O P Q R S T U V X Y Z

H h

Novena letra del alfabeto.
Ninth letter of the Spanish alphabet.

hacha
axe

El leñador corta los troncos con un **hacha**.
*The woodcutter cuts wood with an **axe**.*

hamaca
hammock

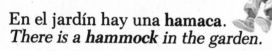

En el jardín hay una **hamaca**.
*There is a **hammock** in the garden.*

harina
flour

Con la **harina** se hace el pan.
*Bread is made with **flour**.*

hebilla
buckle

Mi cinturón y mis zapatos tienen **hebillas**.
*My belt and my shoes have **buckles**.*

helado
ice-cream

Este rico **helado** es de chocolate.
*This is a delicious chocolate **ice-cream**.*

herradura
horseshoe

Los caballos llevan **herraduras** en las patas.
*Horses wear **horseshoes**.*

herramientas
tools

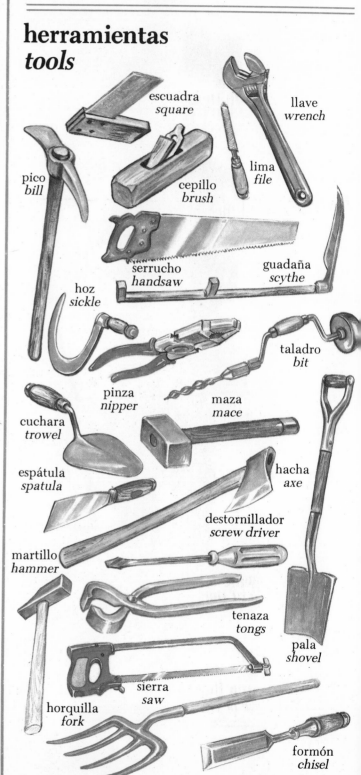

escuadra
square

llave
wrench

pico
bill

cepillo
brush

lima
file

serrucho
handsaw

guadaña
scythe

hoz
sickle

taladro
bit

pinza
nipper

maza
mace

cuchara
trowel

hacha
axe

espátula
spatula

destornillador
screw driver

martillo
hammer

tenaza
tongs

pala
shovel

sierra
saw

horquilla
fork

formón
chisel

Hay muchas clases de **herramientas**.
*There are different kinds of **tools**.*

26

hielo
ice

El **hielo** enfría las bebidas.
*We use **ice** to cool drinks.*

hilo
thread

Mamá cose con **hilos** de colores.
*Mother sews with colored **threads**.*

hoja
leaf/page

Las **hojas** de las plantas son verdes.
*The **leaves** of plants are green.*

Mi cuaderno tiene **hojas** rayadas.
*My notebook has lined **pages**.*

hombre
man

Ese **hombre** es alto.
*That **man** is tall.*

hongo
mushroom

Los **hongos** parecen paragüitas.
***Mushrooms** look like tiny umbrellas.*

horno
oven

Mamá cocina el pollo en el **horno**.
*Mother is cooking chicken in the **oven**.*

hospital
hospital

Alguños enfermos van al **hospital**.
*Sick people go to the **hospital**.*

hotel
hotel

Los turistas se alojan en el **hotel**.
*Tourists stay at the **hotel**.*

hoz
sickle

Miguel corta el pasto con la **hoz**.
*Michael cuts grass with a **sickle**.*

hueso
bone

El perro come un **hueso**.
*The dog is chewing a **bone**.*

huevo
egg

El **huevo** tiene yema y clara.
*An **egg** has yolk and white.*

27

A B C Ch D E F G H I J K L Ll M N Ñ O P Q R S T U V X Y Z

A B C Ch D E F G H **I** J K L Ll M N Ñ O P Q R S T U V X Y Z

humo
smoke

El **humo** sale por la chimenea.
*There is **smoke** coming out of the chimney.*

I i

Décima letra del alfabeto.
Tenth letter of the Spanish alphabet.

iglesia
church

Rezamos en la **iglesia**.
*We pray in **church**.*

iglú
igloo

Un **iglú** está hecho con bloques de hielo.
*An **igloo** is built with blocks of ice.*

imán
magnet

El **imán** atrae algunos metales.
*The **magnet** attracts some metals.*

indio
indian

Los **indios** vivían en América.
***Indians** lived in America.*

insectos
insects

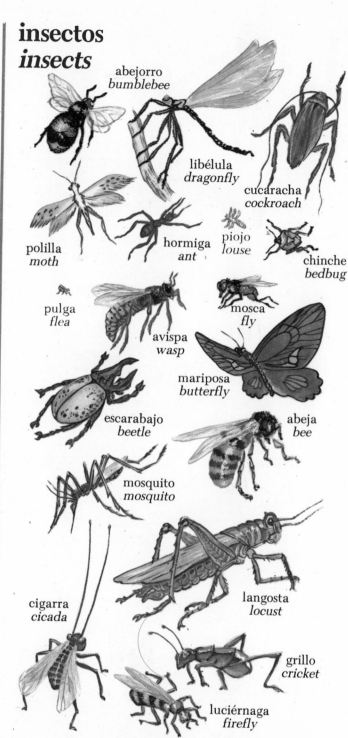

abejorro
bumblebee

libélula
dragonfly

cucaracha
cockroach

polilla
moth

hormiga
ant

piojo
louse

chinche
bedbug

pulga
flea

avispa
wasp

mosca
fly

mariposa
butterfly

escarabajo
beetle

abeja
bee

mosquito
mosquito

cigarra
cicada

langosta
locust

grillo
cricket

luciérnaga
firefly

Algunos **insectos** son dañinos y otros, no.
*Some **insects** are harmful and others are not.*

isla
island

La **isla** está rodeada de agua.
*The **island** is sorrounded by water.*

28

J j

Undécima letra del alfabeto.
Eleventh letter of the Spanish alphabet.

jabón
soap

Para lavarme uso agua y **jabón**.
I use water and soap to wash myself.

jalea
jelly

La **jalea** es dulce y suave.
Jelly is sweet and soft.

jamón
ham

El **jamón** es carne de cerdo.
Ham is pork meat.

jardín
garden

En el **jardín** hay muchas flores.
There are many flowers in the garden.

jarra
jar

La **jarra** está llena de agua.
The jar is full of water.

jaula
cage

El canario está en la **jaula**.
The canary is in the cage.

jinete
rider

José es un buen **jinete**.
Joe is a good rider.

juguetes
toys

muñeca
doll

cubos
cubes

auto
car

pelota
ball

tambor
drum

oso
teddy bear

tren
train

bloques
blocks

patines
skates

patineta
skateboard

velero
sailboat

robot
robot

corneta
cornet

juego de té
tea set

Los niños se divierten con sus **juguetes**.
The children have fun with their toys.

A
B
C
Ch
D
E
F
G
H
I
J
K
L
Ll
M
N
Ñ
O
P
Q
R
S
T
U
V
X
Y
Z

K k

Duodécima letra del alfabeto.
Twelfth letter of the Spanish alphabet.

kaki
khaki

El **kaki** es una fruta tropical.
***Khaki** is a tropical fruit.*

kayak
kayak

El **kayak** es una canoa.
***Kayak** is a canoe.*

kilo
kilo

Ese paquete de azúcar pesa un **kilo**.
*The sugar bag weighs one **kilo**.*

L l

Decimotercera letra del alfabeto.
Thirteenth letter of the Spanish alphabet.

labio
lip

Susana tiene los **labios** rojos.
*Susan has red **lips**.*

ladrillo
brick

El hombre hace una pared de **ladrillos**.
*The man is building a **brick** wall.*

lago
lake

Hay un **lago** entre las montañas.
*There is a **lake** between the mountains.*

lámpara
lamp

La **lámpara** ilumina.
*The **lamp** sheds light.*

lana
wool

El gato juega con la **lana**.
*The cat plays with **wool**.*

lancha
motor boat

La **lancha** navega por el río.
*The **motor boat** sails along the river.*

langosta
locust

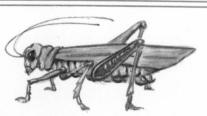

Las **langostas** dañan los sembrados.
Locusts damage the crops.

lápiz
pencil

Dibujamos con los **lápices**.
*We draw with **pencils**.*

laurel
bay leaf

El **laurel** le da rico sabor a las salsas.
A bay leaf will make gravy tastier.

lazo
loop

El domador atrapa al caballo con el **lazo**.
The trainer catches the horse with a loop.

leche
milk

La **leche** es nutritiva.
Milk is nutritious.

lechón
piglet

Los **lechones** están mamando.
The piglets are suckling.

lechuga
lettuce

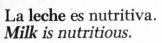

Con la **lechuga** se prepara la ensalada.
We use lettuce for the salad.

lengua
tongue

La **lengua** me sirve para hablar.
I use my tongue to speak.

leña
fire wood

La **leña** está apilada.
The fire wood is piled up.

león
lion

El **león** es el rey de la selva.
The lion is the king of the forest.

letra
letter

Con las **letras** se forman las palabras.
Words are formed with letters.

libro
book

Mi **libro** de cuentos tiene lindos dibujos.
My story book has nice pictures.

licor
liqueur

Invitamos a los amigos con **licor**.
We offer our friends some liqueur.

liebre
hare

La **liebre** corre velozmente.
The hare is running quickly.

limón
lemon

El jugo del **limón** es muy ácido.
Lemon juice is very sour.

linterna
flashlight

El niño tiene una **linterna**.
*The boy carries a **flashlight**.*

litro
liter

Compro un **litro** de leche.
*I buy a **liter** of milk.*

lobo
wolf

El **lobo** es un animal salvaje.
*The **wolf** is a wild animal.*

locomotora
locomotive

La **locomotora** arrastra los vagones.
*The **locomotive** pulls the train.*

loro
parrot

Los **loros** saben repetir palabras.
Parrots can repeat words.

Luna
moon

La **Luna** refleja la luz del Sol.
*The **moon** reflects the light of the sun.*

lupa
magnifying glass

Con la **lupa** veo las letras más grandes.
*With a **magnifying glass** letters look bigger.*

luz
light

Entra **luz** por la ventana.
Light comes in through the window.

LL ll

Decimocuarta letra del alfabeto.
Fourteenth letter of the Spanish alphabet.

llama
llama/flame

La **llama** es un animal americano.
*The **llama** is an American animal.*

La **llama** está encendida
*The **flame** is burning.*

llanura
plain

La **llanura** es una extensión lisa.
*The **plain** is flat land.*

llave
key

La **llave** cierra la puerta.
*The **key** locks the door.*

lluvia
rain

La **lluvia** moja las calles.
*The **rain** makes the streets wet.*

M m

Decimoquinta letra del alfabeto.
Fifteenth letter of the Spanish alphabet.

maceta
flowerpot

Las **macetas** con flores adornan la casa.
Flowerpots decorate the house.

madera
wood

Los muebles están hechos con **madera**.
*Furniture is made of **wood**.*

madre
mother

La **madre** es el ser más querido.
Mother is the most beloved person.

maestra
teacher

La **maestra** enseña a los alumnos.
*The **teacher** is teaching the class.*

mago
magician

El **mago** nos asombra con sus trucos.
*The **magician** amazes us with his tricks.*

maíz
corn

Las gallinas comen granos de **maíz**.
*Hens eat **corn**.*

maleta
suitcase

Cuando viajamos llevamos **maletas**.
*We travel with **suitcases**.*

maleza
weeds

Felipe camina entre la **maleza**.
*Philip walks through the **weeds**.*

A B C Ch D E F G H I J K L Ll M N Ñ O P Q R S T U V X Y Z

malla
bathing suit

Para nadar me pongo la **malla**.
I wear a bathing suit to swim.

mancha
stain

Sobre la hoja hay una **mancha** de tinta.
There is an ink stain on the page.

manga
sleeve

Las **mangas** cubren los brazos.
Sleeves cover the arms.

manguera
hose

Riego el jardín con la **manguera**.
I water the garden with a hose.

maní
peanut

Los niños arrojan **maníes** al monito.
The children throw peanuts to the monkey.

manija
handle

La **manija** de esa puerta es redonda.
That door has a round handle.

maniquí
mannequin

El **maniquí** muestra ropas para vender.
The mannequin exhibits clothes to sell.

mano
hand

La **mano** tiene cinco dedos.
The hand has five fingers.

manta
blanket

En la cama hay una **manta**.
There is a blanket on the bed.

mantel
table cloth

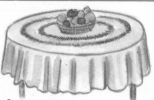

Hay un **mantel** sobre la mesa.
There is a table cloth on the table.

manzana
apple

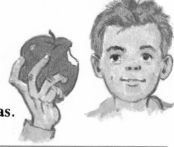

Me gustan las **manzanas**.
I love apples.

mapa
map

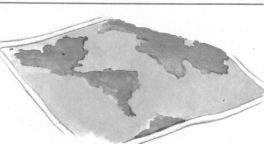

En el **mapa** están representados los países.
Maps show different countries.

máquinas
machines

motor eléctrico
electrical motor

lavarropas
washing machine

aspiradora
vacuum cleaner

máquina de coser
sewing machine

máquina de escribir
typewriter

enceradora
polisher

computadora
computer

licuadora
blender

calculadora
calculator

procesadora
food processor

ventilador
fan

cámara fotográfica
camera

batidora
mixer

Las **máquinas** nos ayudan en los trabajos.
Machines help us in our work.

marfil
ivory

Los colmillos del elefante son de **marfil**.
Ivory forms the tusks of elephants.

marinero
sailor

El **marinero** trepa al mástil del buque.
The sailor climbs on the mast of the ship.

mariposa
butterfly

Las **mariposas** tienen alas de colores.
Butterflies have brightly colored wings.

martillo
hammer

Daniel usa el **martillo** para clavar.
Daniel uses the hammer to nail.

máscara
mask

Eduardo cubre su cara con una **máscara**.
Edward covers his face with a mask.

medalla
medal

Juan ganó una **medalla**.
John won a medal.

media
stocking

Las **medias** cubren las piernas.
Stockings cover the legs.

A B C Ch D E F G H I J K L Ll M N Ñ O P Q R S T U V X Y Z

mejilla
cheek

Alicia tiene las **mejillas** rosadas.
*Alice has pink **cheeks**.*

mercado
market

En el **mercado** hay muchos puestos.
*There are many stands in the **market**.*

mesa
table

Sobre la **mesa** hay un jarrón de cristal.
*There is a crystal vase on the **table**.*

metro
meter

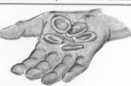

Las telas se miden por **metro**.
*Fabrics are measured by the **meter**.*

miel
honey

La miel es dulce y espesa.
Honey is sweet and thick.

mina
mine

De las **minas** se extraen los minerales.
*Minerals are extracted from **mines**.*

mochila
knapsack

Cargo mi **mochila** en la espalda.
*I carry my **knapsack** on my back.*

molino
mill

El **molino** sirve para moler.
Mills are used to grind.

moneda
coin

Tengo cinco **monedas** en mi mano.
*I have five **coins** in my hand.*

mono
monkey

Los **monos** saltan en la jaula.
*The **monkeys** are jumping in the cage.*

montaña
mountain

Las **montañas** son altas.
Mountains are high.

montura
saddle

El caballo tiene una **montura**.
*The horse has a **saddle**.*

moño
bow

El gato tiene un **moño** amarillo.
That cat has a yellow bow.

morsa
walrus

Las **morsas** viven en regiones frías.
Walruses live in cold areas.

mueble
furniture

Cada habitación tiene sus **muebles**.
Each room has its furniture.

muelle
pier

En el **muelle** esperamos a los barcos.
We wait for the ships at the pier.

mujer
woman

La **mujer** es de sexo femenino.
Women are of female sex.

muñeca
doll

La niña abraza a su **muñeca**.
The girl hugs her doll.

muñeca
wrist

Pedro tiene la **muñeca** vendada.
Peter has his wrist bandaged.

música
music

piano
piano

timbal
kettledrum

violoncelo
cello

flauta
flute

triángulo
triangle

trompeta
trumpet

armónica
harmonica

violín
violin

oboe
oboe

arpa
harp

bombo
bass drum

guitarra
guitar

trombón
trombone

platillos
cymbals

xilófono
xylophone

saxófono
saxophone

clarinete
clarinet

acordeón
accordion

Siempre es agradable escuchar **música**.
It is always nice to hear music.

N n

Decimosexta letra del alfabeto.
Sixteenth letter of the Spanish alphabet.

naipe
card

Los **naipes** tienen figuras y números.
*The **cards** have pictures and numbers.*

naranja
orange

La **naranja** está dividida en gajos.
*The **orange** is divided into sections.*

nariz
nose

Con la **nariz** sentimos los olores.
*We smell with the **nose**.*

Navidad
Christmas

Alrededor del árbol celebramos la **Navidad**.
*We celebrate **Christmas** around the tree.*

nido
nest

Los pájaros ponen sus huevos en el **nido**.
*Birds put their eggs in the **nest**.*

nieto
grandson

Este hombre juega con su **nieto**.
*This man is playing with his **grandson**.*

nieve
snow

La **nieve** cae en copos blancos.
Snow falls in white flakes.

niño
boy

Al crecer, ese **niño** será un hombre.
*That **boy** will be a man when he grows up.*

nivel
level

Esos vasos tienen el mismo **nivel** de agua.
*Those glasses have the same water **level**.*

noche
night

El Sol se oculta por la **noche**.
*The sun hides at **night**.*

nota
note

Do Re Mi Fa Sol La Si

Las **notas** musicales son siete.
*There are seven musical **notes**.*

nube
cloud

Las **nubes** blancas parecen de algodón.
*The white **clouds** look like cotton.*

nudo
knot

La soga tiene un **nudo** grueso.
*The rope has a big **knot**.*

nueve
nine

En el dibujo hay **nueve** arbolitos.
*There are **nine** trees in the picture.*

nuez
nut

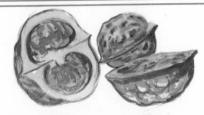

La **nuez** tiene una cáscara muy dura.
*The **nut** has a very hard shell.*

número
number

Utilizamos los **números** para contar.
*To count we use **numbers**.*

nutria
otter

La **nutria** tiene una piel muy hermosa.
Otters have beautiful fur.

Ñ ñ

Decimoséptima letra del alfabeto.
Seventeenth letter of the Spanish alphabet.

ñandú
American ostrich

El **ñandú** corre a gran velocidad.
*The **American ostrich** runs very fast.*

ñu
gnu

El **ñu** es un antílope de Africa.
*The **gnu** is an African antelope.*

O o

Decimoctava letra del alfabeto.
Eighteenth letter of the Spanish alphabet.

oasis
oasis

En el **oasis** del desierto hay agua.
*There is water in the desert's **oasis**.*

obrero
worker

Los **obreros** van a su trabajo.
*The **workers** go to work.*

A B C Ch D E F G H I J K L Ll M N Ñ O P Q R S T U V X Y Z

ocaso
sunset

La puesta del Sol se llama **ocaso**.
Sunset is when the sun disappears.

océano
ocean

El **océano** es una enorme masa de agua.
The ocean is a large body of water.

ocho
eight

En el dibujo hay **ocho** arbolitos.
There are eight little trees in the picture.

oficina
office

En la **oficina** trabajan los empleados.
The employees work in the office.

ojal
buttonhole

Colocamos el botón en el **ojal**.
We insert the button into the buttonhole.

ojo
eye

Vemos con nuestros **ojos**.
We see with our eyes.

ola
wave

Las **olas** chocan contra las rocas.
The waves hit against the rocks.

olla
pot

Mamá cocina con la **olla**.
Mother cooks with the pot.

ómnibus
bus

El **ómnibus** transporta pasajeros.
The bus carries passengers.

onda
wave

Mi hermana tiene **ondas** en su cabello.
My sister styles her hair in waves.

oreja
ear

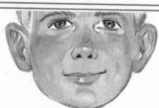

Las **orejas** están a los lados de la cabeza.
Our ears are on each side of the head.

órgano
organ

El **órgano** es un instrumento musical.
The organ is a musical instrument.

orilla
shore

Los niños juegan a la **orilla** del río.
*The children play at the river **shore**.*

oro
gold

El **oro** es un metal valioso.
Gold is a precious metal.

orquesta
orchestra

En la **orquesta** tocan muchos músicos.
*Many musicians play in the **orchestra**.*

orquídea
orchid

La **orquídea** es una flor delicada.
Orchids are delicate flowers.

oso
bear

El **oso** tiene un pelaje espeso.
*The **bear** has thick fur.*

ostra
oyster

Las **ostras** viven sobre las rocas.
Oysters live on rocks.

oveja
sheep

La **oveja** nos da la lana para abrigarnos.
Sheep give us wool that keeps us warm.

ovillo
ball of wool

Vemos varios **ovillos** de lana.
*We can see different **balls of wool**.*

P p

Decimonovena letra del alfabeto.
Nineteenth letter of the Spanish alphabet.

padre
father

El **padre** es el jefe de la familia.
*The **father** is the head of the family.*

página
page

En este libro hay una **página** ilustrada.
*In this book there is a **page** with pictures.*

paisaje
landscape

Desde la ventana veo el **paisaje**.
*I see the **landscape** from the window.*

A B C Ch D E F G H I J K L Ll M N Ñ O P Q R S T U V X Y Z

pájaro
bird

Esos **pájaros** cruzan volando el cielo.
*Those **birds** fly across the sky.*

pala
shovel

El jardinero cava con la **pala**.
*The gardener uses the **shovel** to dig.*

palco
box

En los teatros hay **palcos**.
*There are **boxes** at the theaters.*

paleta
palette

El pintor mezcla los colores en la **paleta**.
*Artists mix their paint on **palettes**.*

palmera
palm tree

Algunas **palmeras** son muy altas.
*Some **palm trees** are very high.*

pan
bread

Carlitos come **pan**.
*Charly is eating **bread**.*

pañuelo
handkerchief

Con el **pañuelo** me sueno la nariz.
*I blow my nose with the **handkerchief**.*

paraguas
umbrella

Cuando llueve usamos un **paraguas**.
*When it rains we use an **umbrella**.*

pared
wall

Las **paredes** de la casa sostienen el techo.
*The **walls** of the house support the roof.*

parche
patch

Los pantalones de Pedro tienen **parches**.
*Peter's trousers have **patches**.*

patín
skate

Los chicos se divierten con sus **patines**.
*The children have fun with their **skates**.*

pato
duck

El **pato** nada en la laguna.
*The **duck** swims in the lake.*

pavo
turkey

El **pavo** se pasea por el corral.
The turkey walks around the loop.

payaso
clown

El **payaso** del circo tiene la cara pintada.
The circus clown painted his face.

pecera
fish bowl

En esa **pecera** hay peces de colores.
In the fish bowl there are coloured fishes.

peine
comb

Mamá me arregla el pelo con el **peine**.
My mother fixes my hair with a comb.

pelota
ball

La **pelota** es redonda y rueda.
The ball is round and rolls.

pera
pear

La **pera** es una fruta jugosa.
Pears are juicy fruits.

percha
hanger

Colgamos la ropa en la **percha**.
We hang our clothes on hangers.

perfume
perfume

Ese **perfume** tiene aroma a jazmín.
This perfume smells like jazmine.

perro
dog

El **perro** es el guardián de la casa.
The dog watches the house.

piano
piano

El **piano** tiene teclas blancas y negras.
The piano has white and black keys.

pico
beak

Las aves comen con el **pico**.
Birds eat with the beak.

pies
feet

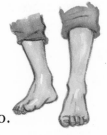

Los **pies** sostienen el cuerpo.
The feet support the body.

A B C Ch D E F G H I J K L Ll M N Ñ O P Q R S T U V X Y Z

piedra
stone

En el jardín hay un sendero de **piedras**.
There is a stone path in the garden.

piel
skin

La **piel** recubre todo el cuerpo.
The skin covers the body.

pimpollo
bud

En el rosal brotan **pimpollos**.
Buds grow on the rosebush.

pino
pine

El **pino** tiene hojas durante todo el año.
Pines have leaves all year round.

pintura
paint

La lata de **pintura** se volcó en el piso.
The paint spilled on the floor.

pipa
pipe

El viejo marino fuma en **pipa**.
The old sailor smokes the pipe.

pizarrón
blackboard

Hice dos cuentas en el **pizarrón**.
I wrote two sums on the blackboard.

plancha
iron

Aliso la ropa con la **plancha**.
I press clothes with the iron.

planeta
planet

La Tierra es un **planeta**.
Earth is a planet.

planta
plant

Las **plantas** decoran la casa.
Plants decorate the house.

plata
silver

El juego de té es de **plata**.
This is a silver tea set.

plato
plate

En los **platos** se sirve la comida.
Food is served on a plate.

playa
beach

La **playa** está junto al mar.
The beach is at the seashore.

pluma
feather

Los pájaros tienen **plumas**.
Birds have feathers.

plumero
feather duster

El **plumero** se usa para limpiar.
We use a feather duster to clean.

polilla
moth

La **polilla** come lana.
Moths eat wool.

portero
janitor

El **portero** limpia el edificio.
The janitor cleans the building.

poste
post

En la esquina hay un **poste**.
There is a post on the corner.

potro
colt

El **potro** está cerca de su mamá.
The colt is near his mother.

pozo
well

La mujer saca agua del **pozo**.
The woman gets water from the well.

premio
prize

Luis recibe un **premio** en la escuela.
Louis receives a school prize.

pueblo
village

Este **pueblo** se halla junto al mar.
This village is near the sea.

puente
bridge

El **puente** atraviesa el río.
The bridge crosses the river.

puerta
door

La habitación tiene dos **puertas**.
The room has two doors.

A B C Ch D E F G H I J K L Ll M N Ñ O P Q R S T U V X Y Z

Q q

Vigésima letra del alfabeto.
Twentieth letter of the Spanish alphabet.

quebracho
quebracho

El **quebracho** tiene la madera dura.
Quebracho wood is hard.

quebrada
ravine

El río corre por la **quebrada**.
The river flows through the ravine.

quepis
kepi

El soldado lleva un **quepis**.
The soldier wears a kepi.

queso
cheese

El **queso** se hace con leche.
Cheese is made with milk.

quetzal
quetzal

El **quetzal** tiene varios colores.
The quetzal has many colors.

quimono
kimono

El **quimono** es una bata japonesa.
The kimono is a japanese robe.

quinta
country house

La **quinta** tiene una huerta.
The country house has a vegetable garden.

quiosco
kiosk

Compramos caramelos en el **quiosco**.
We buy candies at the kiosk.

R r

Vigésima primera letra del alfabeto.
Twenty first letter of the Spanish alphabet.

racimo
bunch

Las uvas crecen en **racimos**.
Grapes grow in bunches.

radio
radio

En casa tenemos una **radio**.
We have a radio at home.

raíz
root

La planta se alimenta por la **raíz**.
*The **roots** feed the plants.*

rama
branch

Ese árbol tiene **ramas** largas.
*That tree has long **branches**.*

rana
frog

La **rana** canta en el charco.
*The **frog** sings in the pond.*

raqueta
racket

Usamos la **raqueta** para jugar al tenis.
*We use a **racket** to play tennis.*

rastro
track

El perro sigue el **rastro** del ladrón.
*The dog follows the thief's **track**.*

rayo
ray

Me desperté con los primeros **rayos** del Sol.
*The first **rays** of sun woke me up.*

rebaño
flock

El niño cuida el **rebaño** de ovejas.
*The boy tends the **flock** of sheep.*

red
net

Los pescadores pescan con una **red**.
*Fishermen catch fish with a **net**.*

regla
ruler

Uso una **regla** para trazar líneas rectas.
*I use a **ruler** to draw straight lines.*

reja
grille

La **reja** de la ventana es de hierro.
*The window **grille** is made of iron.*

reloj
watch

Para saber la hora miramos el **reloj**.
*We look at the **watch** to tell the time.*

remo
oar

El hombre empuja el bote con los **remos**.
*The man rows the boat with **oars**.*

remolacha
beet

La **remolacha** es rojiza y dulce.
Beets are red and sweet.

retrato
portrait

Este es el **retrato** de mi abuela.
This is the portrait of my grandmother.

riel
rail

El tren anda sobre **rieles**.
The train runs on rails.

rienda
rein

A los caballos se los maneja con **riendas**.
Reins are used to guide a horse.

rincón
corner

En el **rincón** hay una mesita.
There is a little table in the corner.

río
river

En el verano vamos a nadar al **río**.
In the summer we swim in the river.

risa
laugh

La gracia del payaso causa **risa** a los niños.
The funny clown makes the children laugh.

rizo
curl

Ana tiene **rizos** castaños.
Ann has brown curls.

roble
oak

El **roble** da una madera excelente.
Oaks have excellent wood.

robot
robot

El **robot** ejecuta tareas humanas.
Robots can perform human tasks.

roca
rock

Las **rocas** son piedras grandes.
Rocks are big stones.

rodaja
slice

En el vaso puse una **rodaja** de limón.
I put a lemon slice in the glass.

rodilla
knee

Juan se lastimó la **rodilla**.
John hurt his knee.

rombo
rhombus

Ese barrilete tiene forma de **rombo**.
That kite has the shape of a rhombus.

rosa
rose

La **rosa** es la más hermosa de las flores.
The rose is the most beautiful flower.

rubí
ruby

El **rubí** es una piedra roja.
The ruby is a red stone.

rueda
wheel

Al carro se le cayó una **rueda**.
The cart lost a wheel.

ruiseñor
nightingale

El **ruiseñor** tiene un canto armonioso.
Nightingales have a beautiful song.

S s

Vigésima segunda letra del alfabeto.
Twenty second letter of the Spanish alphabet.

saco
jacket

El señor tiene puesto un **saco**.
The man wears a jacket.

sal
salt

La **sal** da sabor a las comidas.
Salt is used to season foods.

salón
ballroom

Ese **salón** se alquiló para una fiesta.
That ballroom was rented for a party.

sandalia
sandal

Las **sandalias** son cómodas y livianas.
Sandals are comfortable and light.

sartén
frying pan

En la **sartén** hacemos papas fritas.
We fry potatoes in the frying pan.

A B C Ch D E F G H I J K L Ll M N Ñ O P Q R S T U V X Y Z

satélite
satellite

Los **satélites** ayudan a la comunicación.
Satellites improve comunication.

sauce
willow

El **sauce** tiene las ramas caídas.
The willow's branches are bent down.

seda
silk

Las telas de **seda** son suaves.
Silk is a soft cloth.

seis
six

En el dibujo hay **seis** arbolitos.
There are six little trees in the picture.

selva
jungle

La vegetación de la **selva** es muy espesa.
Jungles have very thick vegetation.

semana
week

La **semana** tiene siete días.
A week has seven days.

semilla
seed

De esta **semilla** nació una planta.
A new plant grew from the seed.

sentidos
senses

gusto/*taste*

Saboreo este helado con la lengua.
I taste this ice-cream with my tongue.

oído/*hearing*

Oigo la música con mis oídos.
I hear music with my ears.

olfato/*smell*

Huelo el perfume con mi nariz.
I smell perfume with my nose.

tacto/*touch*

Siento la suavidad de la seda con mis dedos.
I touch the soft silk with my fingers.

vista/*sight*

Veo los objetos con mis ojos.
I see things with my eyes.

Tenemos cinco **sentidos**. *We have five senses.*

serrucho
handsaw

Mi tío corta madera con el **serrucho**.
*My uncle is cutting wood with the **handsaw**.*

servilleta
napkin

Uso la **servilleta** en las comidas.
*I use a **napkin** during meals.*

siete
seven

En el dibujo hay **siete** arbolitos.
*There are **seven** little trees in the picture.*

silbato
whistle

El perro acude al sonido del **silbato**.
*The dog comes when he hears the **whistle**.*

silueta
figure

Rosa tiene una bonita **silueta**.
*Rose has a nice **figure**.*

silla
chair/saddle

Estoy sentado en una **silla**.
*I am sitting on a **chair**.*

El jinete está sentado sobre la **silla**.
*The rider is sitting on the **saddle**.*

sirena
mermaid/siren

La **sirena** es mitad mujer y mitad pez.
*The **mermaid** is half woman, half fish.*

Escuchamos la **sirena** de la ambulancia.
*We heard the **siren** of the ambulance.*

sobre
envelope

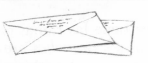

Puse la carta en un **sobre**.
*I put the letter in an **envelope**.*

sofá
sofa

El **sofá** es amplio y cómodo.
*The **sofa** is big and comfortable.*

soga
rope

Las chicas saltan a la **soga**.
*The girls jump the **rope**.*

Sol
sun

El **Sol** alumbra y da calor.
*The **sun** gives light and heat.*

solapa
lapel

Mi saco tiene dos **solapas**.
*My coat has two **lapels**.*

A B C Ch D E F G H I J K L Ll M N Ñ O P Q R S T U V X Y Z

sólido
solid

La piedra es un **sólido**.
The stone is a solid.

sombra
shadow

En la pared veo la **sombra** de mi cuerpo.
I can see my shadow on the wall.

sombrero
hat

Este **sombrero** es de alas anchas.
This hat has a wide brim.

sonajero
baby's rattle

El bebé juega con el **sonajero**.
The baby plays with the rattle.

sopa
soup

Bárbara toma la **sopa** con cuidado.
Barbara eats her soup carefully.

sótano
cellar

El **sótano** se halla debajo de la casa.
The cellar is under the house.

suela
sole

La **suela** del zapato está rota.
The sole of the shoe is worn out.

surtidor
gasoline pump

Lleno el tanque en el **surtidor**.
I fill my tank at the gasoline pump.

T t

Vigésima tercera letra del alfabeto.
Twenty third letter of the Spanish alphabet.

tabla
board

Con las **tablas** de madera haré un banco.
I will build a bench with wooden boards.

taburete
stool

El pianista se sienta en el **taburete**.
The pianist is sitting on the stool.

talón
heel

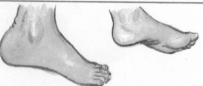

La parte de atrás del pie se llama **talón**.
The heel is the back of the foot.

tambor
drum

Mi hermanito toca el **tambor**.
*My little brother plays the **drum**.*

tapa
lid

La **tapa** de la caja tiene una cinta.
*The **lid** of the box has a ribbon.*

taza
cup

Tomo café con leche en una **taza** grande.
*I drink coffee and milk in a big **cup**.*

té
tea

El **té** se sirve en la tetera.
Tea is served in the teapot.

teatro
theater

Vamos al **teatro** a ver una obra.
*We go to the **theater** to see a play.*

teja
tile

El techo de esa casa es de **tejas**.
*That house has a **tile** roof.*

telar
loom

La mujer teje una manta en el **telar**.
*The woman weaves a blanket in the **loom**.*

telaraña
spider's web

En el rincón hay una **telaraña**.
*There is a **spider's web** in the corner.*

teléfono
telephone

María habla por **teléfono**.
*Mary makes a **telephone** call.*

televisión
television

A los niños les gusta ver **televisión**.
*The children like to watch **television**.*

tenaza
pincers

Con la **tenaza** arranco un clavo.
*I use **pincers** to pull out a nail.*

tenedor
fork

Para comer uso el **tenedor**.
*I use a **fork** to eat.*

termo
thermos

Mi mamá llena el **termo** con café caliente.
*Mother fills the **thermos** with hot coffee.*

Tierra
earth

El planeta donde vivimos se llama **Tierra**.
***Earth** is the planet we live on.*

tigre
tiger

El **tigre** tiene rayas negras.
Tigers have black stripes.

tijera
scissors

Empleo la **tijera** para cortar.
*I use the **scissors** to cut.*

timón
rudder

El **timón** sirve para dirigir el barco.
*The **rudder** is used to steer a boat.*

tinta
ink

En los tinteros hay **tinta** azul y roja.
*The inkpots have blue and red **ink**.*

títere
puppet

Manejamos los **títeres** con los dedos.
*We move the **puppets** with our fingers.*

tiza
chalk

Escribo con **tiza** en el pizarrón.
*I write on the blackboard with **chalk**.*

toalla
towel

Me seco con la **toalla**.
*I dry myself with a **towel**.*

tobogán
slide

Jugamos en el **tobogán** del parque.
*In the playground we played on the **slide**.*

toldo
awning

El **toldo** protege del Sol.
*The **awning** protects from the sun.*

tomate
tomato

El **tomate** es rojo.
*The **tomato** is red.*

tormenta
storm

Cuando hay **tormenta** llueve y truena.
During a storm it usually rains and thunders.

torre
tower

El castillo tiene dos **torres**.
The castle has two towers.

torta
cake

Mi **torta** de cumpleaños tiene velitas.
My birthday cake has little candles.

traje
suit

Este **traje** es estrecho.
This suit is too small.

trampolín
springboard

El nadador se tira desde el **trampolín**.
The swimmer jumps from the springboard.

tranquera
gate

La **tranquera** está abierta.
The gate is open.

tránsito
traffic

Respetemos las reglas de **tránsito**.
We must follow the traffic rules.

trébol
clover

El **trébol** tiene tres hojas.
Clover has three leaflets.

tren
train

El **tren** atraviesa velozmente la ciudad.
The train speeds through the city.

trenza
braid

Alicia se peina con **trenzas**.
Alice wears her hair in braids.

tres
three

En el dibujo hay **tres** arbolitos.
There are three littles trees in the picture.

triángulo
triangle

El **triángulo** es una figura de tres lados.
The triangle has three sides.

triciclo
tricycle

Ricardo pasea en **triciclo**.
*Richard rides his **tricycle**.*

trineo
sleigh

El **trineo** se desliza sobre la nieve.
*The **sleigh** slides on the snow.*

trofeo
trophy

Esa copa de plata es un **trofeo**.
*That silver cup is a **trophy***

tronco
trunk

Del **tronco** nacen las ramas.
*The branches grow from the **trunk**.*

tucán
toucan

El **tucán** tiene un pico enorme.
*The **toucan** has a very large beak.*

túnel
tunnel

La vía del tren pasa por el **túnel**.
*The railway goes through the **tunnel**.*

U u

Vigésima cuarta letra del alfabeto.
Twenty fourth letter of the Spanish alphabet

umbral
threshold

El **umbral** es de mármol blanco.
*The **threshold** is made of white marble.*

uniforme
uniform

Algunas personas llevan **uniforme**.
*Some people wear **uniforms**.*

universo
universe

El **universo** está poblado de estrellas.
*The **universe** is full of stars.*

uno
one

De todos los arbolitos quedó **uno**.
*There is only **one** little tree left.*

uña
nail

En la punta de los dedos tenemos **uñas**.
*We have **nails** at the ends of the fingers.*

uva
grape

Vemos **uvas** blancas y negras.
*We can see white and black **grapes**.*

56

V v

Vigésima quinta letra del alfabeto.
Twenty fifth letter of the Spanish alphabet.

---

vaca
cow

La muchacha ordeña la **vaca**.
The girl milks the cow.

---

vacuna
vaccine

Las **vacunas** previenen enfermedades.
Vaccines prevent diseases.

---

vagón
wagon

El **vagón** lleva carga.
The wagon is carrying loads.

---

vaina
sheath

La espada se guarda en la **vaina**.
The sword is kept in a sheath.

---

vaso
glass

El niño toma un **vaso** de agua.
The child drinks a glass of water.

---

vecino
neighbor

Los **vecinos** conversan a través del cerco.
The neighbors are speaking over the fence.

---

vehículos
vehicles

motocicleta
motorcycle

camión-tanque
tank truck

tren
train

bicicleta
bicycle

camión
truck

automóvil
car

velero
sailboat

ómnibus
bus

avión
airplane

bote
boat

barco
ship

Los **vehículos** se usan como transporte.
Vehicles are used for transportation.

A
B
C
Ch
D
E
F
G
H
I
J
K
L
Ll
M
Ñ
O
P
Q
R
S
T
U
V
X
Y
Z

vela
candle

La luz de la **vela** alumbra poco.
*The **candle** gives a soft light.*

---

veleta
weathercock

La **veleta** se mueve con el viento.
***Weathercocks** move with the wind.*

---

vellón
fleece

El **vellón** es la lana esquilada de la oveja.
***Fleece** is the sheared wool.*

---

venda
bandage

Me puse una **venda** sobre la herida.
*I put a **bandage** on the wound.*

---

ventana
window

Sandra está abriendo la **ventana**.
*Sandra is opening the **window**.*

---

vestido
dress

Claudia luce un **vestido** elegante.
*Claudia wears an elegant **dress**.*

---

viaje
trip

Hicimos un **viaje** por el mar.
*We took a **trip** across the sea.*

---

víbora
snake

Las **víboras** caminan arrastrándose.
*The **snakes** slither.*

---

vicuña
vicuña

Con la lana de la **vicuña** se hacen tejidos.
***Vicuña** wool is used to make fabric.*

---

vidrio
glass

El **vidrio** se rompe.
***Glass** breaks.*

---

vino
wine

El **vino** se hace con la uva.
Wine is made of grapes.

---

violín
violin

El sonido del **violín** es dulce.
*The sound of the **violin** is sweet.*

visera
visor

Raquel usa una **visera**.
Rachel uses a visor.

vitrina
show case

En la **vitrina** hay objetos valiosos.
There are valuable things in the show case.

vocal
vowel

Las **vocales** son cinco.
There are five vowels.

volcán
volcano

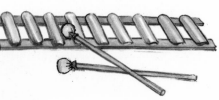

El **volcán** arroja fuego y piedras.
The volcano spits fire and stones.

X x

Vigésima séptima letra del alfabeto.
Twenty seventh letter of the Spanish alphabet.

xilófono
xilophone

Yo toco el **xilófono** con dos martillitos.
I play the xilophone with two little hammers.

Y y

Vigésima octava letra del alfabeto.
Twenty eighth letter of the Spanish alphabet.

yacaré
alligator

El **yacaré** es un animal muy peligroso.
Alligators are dangerous animals.

yate
yacht

Salí a navegar en el **yate** de mi tío.
I went to sail in my uncle's yacht.

yegua
mare

La **yegua** está pastando.
The mare is grazing.

yema
yolk

La **yema** del huevo es de color amarillo.
The yolk of the egg is yellow.

yeso
plaster

La estatua es de **yeso**.
The statue is cast in plaster.

59

A B C Ch D E F G H I J K L Ll M N Ñ O P Q R S T U V X Y Z

yo-yó
yoyo

Alberto juega con el **yo-yó**.
*Albert plays with the **yoyo**.*

yuca
yucca

La **yuca** es una planta espinosa.
*The **yucca** has thorns.*

yunque
anvil

El herrero golpea el hierro en el **yunque**.
*The blacksmith hammers iron on the **anvil**.*

Z z

Vigésima novena letra del alfabeto.
Twenty ninth letter of the Spanish alphabet.

zafiro
sapphire

El **zafiro** es una piedra preciosa.
*The **sapphire** is a precious stone.*

zanahoria
carrot

La **zanahoria** se come cruda o cocida.
Carrots are eaten raw or cooked.

zanco
stilt

El payaso camina con **zancos**.
The clown walks on stilts.

zanja
ditch

El agua corre por la **zanja**.
*The water runs through the **ditch**.*

zapallo
squash

En la chacra se cultivan **zapallos**.
Squash is grown in the farm.

zapato
shoe

Mis **zapatos** están bien lustrados.
*My **shoes** are well polished.*

zoológico
zoo

Es divertido ir al **zoológico**.
*It is fun to go to the **zoo**.*

zueco
clog

La niña usa **zuecos**.
*The girl wears **clogs**.*

Banderas americanas
American flags

Argentina
Argentina

Bahamas
Bahamas

Barbados
Barbados

Bolivia
Bolivia

Brasil
Brazil

Canadá
Canada

Colombia
Colombia

Costa Rica
Costa Rica

Cuba
Cuba

Chile
Chile

Rep. Dominicana
Dominican Rep.

Ecuador
Ecuador

El Salvador
El Salvador

Estados Unidos
United States of America

Guatemala
Guatemala

Guyana
Guiana

Haití
Haiti

Honduras
Honduras

Jamaica
Jamaica

México
Mexico

Nicaragua
Nicaragua

Panamá
Panama

Paraguay
Paraguay

Perú
Peru

Surinam
Surinam

Trinidad y Tobago
Trinidad and Tobago

Uruguay
Uruguay

Venezuela
Venezuela

Esta primera edición se terminó de imprimir en Octubre de 1989, en los Talleres Gráficos Indugraf, Sánchez de Loria 2251, Buenos Aires.